Ihr Computer hat mir ein Kind zugelegt
Stilblüten aus dem Versicherungswesen

Herausgegeben von Bernd Ellermann
Mit Zeichnungen von Jules Stauber

Deutscher
Taschenbuch
Verlag

dtv

Weitere Stilblütenbände
im Deutschen Taschenbuch Verlag:
Das größte Insekt ist der Elefant (348)
Erwarte Näheres unter vier Buchstaben (569)
Es fängt damit an, daß am Ende der Punkt fehlt (962)
Sehr geehrter Herr Firma! (1160)
Zeugen liegen bei (1226)
Bei Mord hört die Freundschaft auf (1473)
Der Schaffner lockerte seine Gefühle (1731)
Ehepaar sucht gleichgesinntes (1783)
Der Elefant von Spanien (10138)
Da trat der Staatsanwalt ins Protokoll (10239)
Die Schule wird von einem Reaktor geleitet (10441)
Wegen Eröffnung geschlossen (10695)

Originalausgabe
1. Auflage Juli 1986
3. Auflage März 1987: 41. bis 60. Tausend

Umschlaggestaltung: Celestino Piatti unter Verwendung
einer Zeichnung von Jules Stauber
Gesamtherstellung: C. H. Beck'sche Buchdruckerei,
Nördlingen
Printed in Germany · ISBN 3-423-10596-8

Das Buch

Daß Schadenfreude die gesündeste sei, weiß der Volksmund, und daß im Lachen über Stilblüten stets ein Quentchen Schadenfreude versteckt ist, liegt auf der Hand. So gesehen, erwartet die Leser dieser Sammlung gleich doppelte Freude; denn Bernd Ellermanns Blütenlese stammt aus den Briefen von Versicherungskunden, und die sind ja zur Schadensmeldung ganz regelmäßig verpflichtet. Blinddarmoperationen, Hundebisse, rauchende Waschmaschinen und natürlich ganze Serien von Arm- und Beinbrüchen, Blechschäden und anderen Schrecknissen werden hier aufgerollt. Ob die Versicherungen in jedem Falle gezahlt haben, ist nicht bekannt. Zumindest aber kann dieses Büchlein den Geschädigten als Trostpflaster dienen. Geteilter Schmerz ist halber Schmerz!

Der Herausgeber

Bernd Ellermann, geboren am 20. Dezember 1939 in Karlsruhe, Journalist und Dipl.-Kaufmann, lebt in München. Seit rund 20 Jahren ist er auf dem PR-Sektor in der Assekuranz tätig. Sein Hobby: Sammeln von Stilblüten!

Der Fußgänger kollidierte in der Martinstraße mit meinem fahrenden PKW und richtete erheblichen Schaden an.

In dem Wohnzimmer wurden Verwüstungsspuren an den Möbeln und an unserem Hund festgestellt.

Dann sprang der Verfolgte ins Wasser und tauchte trotz mehrmaliger Aufforderung nicht mehr auf.

Wegen meinen Zähnen konnte ich keine Nacht die Augen zumachen.

Mein Sohn hat bei Frau D. ein 2 Tage altes Schwein gebadet, das dann an den Folgen gestorben ist.

JESUS ist in unser Leben getreten. Anbei geben wir die zu Unrecht erhaltenen 1000 DM befreit zurück. IHM sei Ruhm, Preis und Ehre in Ewigkeit! Mit freudigen Grüßen, eine »erlöste« Familie.

Ihr Computer hat mir ein Kind zugelegt. Ich habe kein Kind, schon gar nicht von Ihrem Computer.

Da mir nicht jeden Tag ein Fußgänger ins Auto läuft, habe ich verständlicherweise keine Erfahrung in solchen Dingen.

Ich fahre mit meinem Hausmädchen in Urlaub. Wie kann ich mich versicherungsmäßig schützen? Die Verhältnisse sind wie gehabt!

Bitte lassen Sie uns Ihre Verletzungen von Ihrer Ehefrau bestätigen und reichen Sie uns diese noch ein.

Der Kleinwagen Ihres Versicherungsnehmers kam aller Wahrscheinlichkeit aus einem Parkloch heraus.

Frl. S. näherte sich der Ampel und sprang von Gelb auf Grün um.

Ich habe seinerzeit meinen Wagen nicht umgemeldet, da ich meinen Wohnsitz verlegte und diesen nicht verschrotten wollte.

Meine Tochter ging mit mir deshalb auf der Straße, weil sie nicht mit dem Fahrrad fahren durfte, denn sie hatte es im Halse.

Gestern ist meine Frau bei kräftigem Bremsen mit dem Kopf gegen die Windschutzscheibe gestoßen. Dabei ist die Scheibe gesprungen. Weiterer Schaden entstand nicht.

Außerdem bin ich vor meinem ersten Unfall und nach meinem letzten unfallfrei gefahren.

Hiermit teile ich Ihnen höflichst mit, daß ich lt. Einweisung von Frau Dr. M. im Krankenhaus in einem Zweibettzimmer mit Chefarzt bis auf weiteres liege.

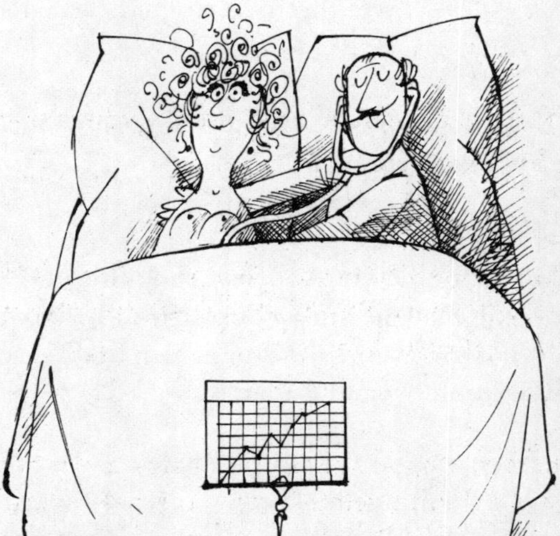

Sehr geehrte Herren, mein Mandant ist Vater mehrerer Kleinkinder und eines Hundes.

Ich habe gestern abend auf der Heimfahrt einen Zaun in etwa 20 Meter Länge umgefahren. Ich wollte Ihnen den Schaden vorsorglich melden, bezahlen brauchen Sie nichts, denn ich bin unerkannt entkommen.

Ich teile Ihnen höflich mit, daß ich kein Verhältnis mit Ihnen habe, ich bezahle nur meine Frau bei Ihnen.

Die Blinddarmoperation meiner Tochter wurde ordnungsgemäß von Ihrem Vertreter bearbeitet.

Der Kombiwagen wird nur zum Transport meines neuen Hauses gebraucht.

Nachdem mir die kranke Niere endgültig entfernt wurde, bitte ich Sie um Streichung des Risikozuschlags, den ich bisher hierfür zahlen mußte, sowie um Einräumung eines Rabattes.

Bei dem Zusammenprall zog er sich leichte Schulterverletzungen am linken Bein zu.

... mein Gehilfe hat auf dem Abortdeckel gearbeitet, dabei ist ihm etwas Schweres hinuntergefallen, was die Schüssel zertrümmerte. Mein Anspruch liegt in dem Hinuntergefallenen, was nachweislich ein Hammer war.

Ich möchte Ihnen mitteilen, daß der Verstorbene sein diesseitiges Konto aufgelöst hat. Über sein Konto im Jenseits kann ich keine Auskunft erteilen.

Mein Sohn wird weiterhin die Gesamtschule besuchen, vorbehaltlich des Zustandekommens von mindestens 130 Schülern.

Unabhängig davon, daß ich verheiratet bin, finde ich es angemessen, daß Sie mich endlich zur »Frau« machen.

Beide Hunde liefen frei, da kam es zur Beißerei. Unser Boxer, der gewann – und Sie sind dran!

Ich mußte so schnell fahren, da ich Angst hatte, daß mir einer hinten reinfährt.

Ein Fußgänger kam plötzlich vom Bürgersteig und verschwand dann wortlos unter meinem Wagen.

Ihr Schreiben zwecks Genehmigung der Darmbadkur ist bei mir heute in Einlauf gekommen.

Bezugnehmend auf Ihr Schreiben vom 27. III. d. J. teile ich Ihnen mit, daß die Regelung von Schäden, welche dem von Ihnen versicherten Geschäftsmann entstehen, m. E. zu Ihren Vertragspflichten gehören und demzufolge als Ihr Risiko zu betrachten sind. Mein Risiko zur Zeit der Diebstahlsausführung bestand darin, im Falle einer Aufklärung der Straftat einen Freiheitsentzug in Kauf zu nehmen. Sie haben den Schaden materiell ersetzt, und ich bin für die Tat eingesperrt worden, so daß beide Teile das bekommen, womit bei Eingehung des Risikos zu rechnen war ...

Der Arzt sollte sein Honorar vernünftiger berechnen. Schließlich hängt vom Willen des Kranken die ganze Leistung des Arztes ab.

... daß ich Sie bitte, auch diese Pillen anzuerkennen; seit ihrem Gebrauch haben sich die Schlaflosig- und Appetitlosigkeit, welche früher fehlten, wieder eingestellt.

Der Unfall ist dadurch entstanden, daß der Volkswagen weiterfuhr. Er mußte verfolgt werden, ehe er schließlich anhielt. Als wir ihm eine Tracht Prügel verabreichten, geschah es.

Teile Ihnen mit, daß hier kein Unfall vorliegt. Meine Frau weiß nicht, was sie gemacht hat, der Knöchel wurde dick, tat weh, und ist dann zum Arzt. Vielleicht ist sie umgeknickt, oder verkehrt aufgetreten. Sie weiß nicht wovon.

Der Unfall ist auf den Unverstand der Kuh zurückzuführen, die nicht auf die Zeichen ihres Bauern achtete.

Der Karneval ist vorbei – und folglich alles pleite. Auch ich brauche Geld von Ihnen . . .

Dr. K. hat mir neue Zähne eingesetzt, die zu meiner Zufriedenheit ausgefallen sind.

Alle Glasteile am Wagen gingen bei dem Totalschaden zu Blech.

Unser Hund biß den Dackel, welcher mit seiner Frau bei uns vorbeikam hinten rechts. Er biß auch die Frau, aber die stellt keine Ansprüche.

Ich habe nun so viele Formulare ausfüllen müssen, daß es mir bald lieber wäre, mein geliebter Mann wäre überhaupt nicht gestorben.

Bitte informieren Sie mich, um welche Glieder es sich bei der Gliedertaxe in der Unfallversicherung handelt.

Werte Direktion! Wollen Sie mir bitte auf meiner Hinterseite meines Briefes mitteilen, was Sie für besser halten, ob ich mein Roß in Tünshausen dekken lassen soll oder bei Ihnen durch eine Versicherung?

Der Rückgang der Wirtschaft ist darauf zurückzuführen, weil mir vor zwei Jahren ein Pferd kaputtgegangen ist, dieses ist auf das Verschulden meiner Frau zurückzuführen, die vor sieben Jahren gestorben ist.

Der Landwirt B. hat seine Schulden teilweise durch Unglück, Hofabbrennen, Viehseuchen und einen durch sein Rheuma und öffentliche Posten erzeugten phlegmatischen Optimismus erhalten.

Der rechte Daumen war ab, aber ich konnte noch sprechen. Das Auto fuhr nach dem Unfall im Galopp davon.

... dann aß unser Sohn Mäusegift, worauf er schielte, dies wurde abgelehnt, weil es vor Versicherungsbeginn geschehen war.

Mein Mann macht kaum noch Geschäfte, und wenn er mal eins macht, sind es immer nur ein paar Tropfen auf einen heißen Stein.

Hiermit frage ich höflichst an, ob Sie meiner Frau im Stillen helfen können, wie es die Kassen als Pflichtleistung tun.

Ich möchte, daß Sie die Versicherung erlöschen, da Herr G. im Gefängnis sitzt.

Hiermit erkläre ich, daß mir der PKW meines Vaters ständig überlassen war. Somit war die Verfügungsmöglichkeit gegeben, natürlich nach Abstimmung mit meinem verstorbenem Vater.

... erlaube ich mir, wieder ein Rezept über Antibaby-Pillen beizufügen, da ich glaube, daß dies Ihre Versicherung doch sicher billiger kommt, als eine Schwangerschaft mit Klinikentbindung und vielen Nebenkosten zu erstatten.

Der Brandschaden ist vermutlich durch achtloses Wegwerfen eines Straßenpassanten entstanden.

Gehirnerschütterung am Knie, Oberschenkel und Kopf!

Mit gleicher Post schicke ich Ihnen eine Fotokopie meiner Schwiegermutter zu, mit der Bitte um Weiterbearbeitung.

Meine Frau hat den Wasserhahn so lange laufen lassen, bis er schließlich dem Untermieter infolge der Feuchtigkeit der Decke auf den Kopf fiel.

Ich erlitt dadurch einen Unfall, daß das Moped Ihres Versicherungsnehmers mich mit unverminderter Pferdestärke anraste.

Er mich sehen und bremsen war eins. Dann fiel er auf den Arsch, ohne daß ich ihn berührt habe.

Der Mann richtete sich sofort wieder auf und schrie: »Mein Fuß ist ab!« Dann hob er sein Moped auf und stellte es an einen Baum.

Mein Motorrad sowie ich selbst mußten wegen starker Beschädigung abgeschleppt werden.

Bin in der Kurve, nicht weit von der Unglücksstelle, ins Schleudern geraten. Während des Schleuderns habe ich wahrscheinlich den entgegenkommenden Mercedes gerammt, der dann die Richtung der totalen Endfahrtphase vermutlich mitbestimmte. Es hatte zeitweise an einigen Stellen geschneit. Die Fahrbahn war dadurch auf einigen Straßen rutschig geworden. Ich wollte den Wagen abbremsen. Ich habe gekämpft wie ich nur konnte, aber es half nichts. Prallte gegen die Zaunmauer und wurde unbewußt. Aus war es mit meiner Gesinnung.

Ich habe mir den rechten Arm gebrochen, meine Braut hat sich den Fuß verstaucht – ich hoffe, Ihnen damit gedient zu haben.

Der Abschluß einer Versicherung ist für beide Partner mit einem Risiko verbunden – also auch für mich. Ich verlange aber keinen Risikozuschlag und bitte um Prüfung, ob Sie nicht auch von einem Zuschlag absehen können . . .

Als ich den Verletzten zwischen den Fahrzeugen hervorzog, stellte ich mit meinem Riechorgan fest, daß dieser stark nach Alkohol roch.

Mein Mandant steht gesundheitlich auf schwachen Füßen.

Da Frau G. zu sehr auf der Bordkante stand, streifte ihr Hinterteil meine Fahnenstange und brach ab.

Die verletzte Person ist so unbedeutend, daß mit einem Schadenfall wohl nicht zu rechnen ist.

Auf zahnärztliche Behandlungen kann ich verzichten. Meine Zähne liegen in Rußland, bei Welikije Luki, gleich neben der Kirche, links.

Es geht nicht an, daß man mich mit einem Betrag, der vielleicht einen Bettler zu Tränen rühren kann, abspeist.

Ich kann auch heute noch Wasser lassen ohne Schmerzen, das kann ich zu jeder Zeit beweisen ...

Ich konnte Ihnen nicht eher schreiben, da meine Frau und die Nachbarn krank sind und ich den ganzen Tag unter dem Vieh sein muß. Die freuen sich natürlich.

Seit Januar d. M. haben wir unser Land verpachtet und 1 Rind abgeschafft, da ich durch meinen Unfall nicht mehr in der Lage bin, dieses selbst zu bearbeiten.

Ihre Frau R. trat mich auf den Fuß. Wobei ihr Absatz in meinem Schuh steckenblieb. Ich kann sehr schwer gehen. Ich werde sie haftbar machen.

Mein Mann ist mit Schrank und Nerven zusammengebrochen.

Meine Frau wurde am 7. d. Monats zur Entfernung eines gutmütigen Geschwürs in die Frauenklinik eingeliefert . . .

Ich überfuhr einen Mann. Er gab seine Schuld zu, da ihm dies schon einmal passiert war.

Augenblicklich ist das Pferd mit untergebracht im Kuhstall. Dieses ist ein Notbehelf und führt zu Verweichlichungen des Tieres!

Meine Frau ist im Krankenhaus (Diagnose: Geldsucht).

Ich bin nur so schnell gefahren, damit mein Wagen nach dem Waschen schneller wieder trocken wird.

Ich habe unten und oben ein Gebiß bekommen.

Sie haben meine Verhältnisse nur auf der einen Seite geprüft, ohne meine Kehrseite zu berücksichtigen.

... meine Frau wird regelmäßig von der Bayerischen Gemeindebank in München abgezogen.

Ich habe noch nie Fahrerflucht begangen; im Gegenteil, ich mußte immer weggetragen werden.

Ich bitte um wohlwollende Prüfung meines Aufnahmeantrages, weil ich meine rechte Niere noch in die Waagschale werfen kann, die der Arzt nicht feststellen konnte, da es sich um eine Wanderniere handelt.

Ich habe in der letzten Zeit die Grippe gehabt und wollte mit meinem Schreiben keine Bazillen versenden. Aus diesem Grunde habe ich so lange gewartet, daß Sie nunmehr, ohne Gesundheitsstörungen bei Ihnen zu befürchten, den Brief lesen können.

Ich bin Rentnerin und deshalb extra abgelegt.

Infolge Schneefalls ist meine Frau ausgeglitten und ist quer auf der Autobahn Köln – Aachen stehengeblieben. Zwei Autofahrer halfen meiner Frau, sich freizumachen, und während dieser Operation ging der Verkehr langsamer.

Kann ich bitte mit dem Sachbearbeiter von meiner Frau Kontakt aufnehmen?

Bitte versuchen Sie, einer bedauerlichen Mutter von drei Kindern zu helfen.

Da meine Frau in Würzburg unbekannt ist, mußte sie in Bekleidung reisen. Hierdurch entstanden Unkosten.

Ich bin ferner mit meinen Nerven am Ende und habe an einer schweren Kastritis zu tun.

Ich möchte die Genehmigung für den Bruch meiner Prothese.

Aus der anliegenden Urkunde können Sie ersehen, daß mein Mann gestorben ist, damit sein Vertrag erlischt.

Ich teile Ihnen höflich mit, daß meine Frau auf Anordnung von Herrn Dr. M. infolge eines Herzanfalles gestorben ist.

Wenn ich bestimmte Papiere für ein Geschäft benötige, rechne ich mit sofortiger Antwort . . .

Beim Versuch mit einer Schülerin habe ich im Physiksaal einen Stromschlag erlitten.

Meine Frau fiel mit dem Schrubber durch die Glastüre und ging zu Bruch.

Laut ärztlichem Gutachten: keine Anzeichen für Gehirnbeteiligung.

Beim Heimkommen fuhr ich versehentlich in eine falsche Grundstücksauffahrt und rammte einen Baum, der bei mir dort nicht steht.

Am Mittwochabend fuhr ein sogenannter kalter Schlag in einen Akazienbaum des Amtsgartens und sprang schließlich auf einen in der anliegenden Straße stehenden Wagen des Bierverlegers Wolfgang H. über, diesen am Hinterteil zersplitternd.

Seit der Schildkrötenoperation im April habe ich keine Beschwerden mehr . . .

Der Bursche war überall und nirgends auf der Straße. Ich mußte mehrmals kurven, bevor ich ihn traf.

Eine Befragung unseres Hundes, warum er ausgerechnet auf der Bettcouch von Frl. B. seinen Urin lassen mußte, brachte keine klärende Auskunft. Selbstverständlich steht Ihnen aber unser Hund zur weiteren Befragung zur Verfügung.

Der Gläubiger ist der Ehemann der Schwester des Bruders des Ehemannes der Schuldnerin.

Erst aufgrund Ihres neuerlichen Hinweises weiß ich, daß hier ein Drugfehler vorliegt.

Als ich an die Kreuzung kam, erhob sich ein Zaun, um meine freie Sicht zu hindern.

Den Hundehalter kenn ich nicht. Ich habe den Biß der Polizei gemeldet. Doch der Wachtmeister grinste nur.

Wer mir die Geldbörse gestohlen hat, kann ich nicht sagen, weil aus meiner Verwandtschaft niemand in der Nähe war.

Kann ich als Mormone mit einer Beitragsermäßigung rechnen, da ich viel gesünder lebe als andere?

Nachträglich hat sich herausgestellt, daß das Kühlergitter der Heizung noch defekt ist. Ich verliere laufend Wasser und dementsprechend auch Glysantin ...

Ich fuhr durch die Au. Plötzlich kamen von links und rechts mehrere Fahrzeuge. Ich wußte nicht mehr wohin und dann krachte es vorne und hinten.

Ein Vermeiden des Unfalls konnte ich nicht mehr verhindern.

... gestern noch sagte ich zu meinem Mann: »Alles wird teurer!« Schon heute stelle ich fest, daß ich dabei an Sie gar nicht gedacht hatte – bis ich jetzt Ihre Bestätigung habe.

Ich teile Ihnen mit, daß die Zusendung der Rechnungen meinerseits noch einige Wochen dauern wird, da ich sie im Moment noch nicht alle beisammen habe.

Bitte erledigen Sie meine Ansprüche baldigst und wohlwollend. Seit dem Zusammenstoß habe ich nämlich kein festes Verhältnis mehr.

Es war die Zeit des Stoßverkehrs. Ich stieß auf das vor mir zum Stehen gekommene Fahrzeug.

Ich bestätige hiermit, daß ich mit der Kündigung von meiner Ehefrau einverstanden bin. Ich kündige sie hiermit.

Ferner bitte ich Sie, ab sofort die Haftpflicht für meinen Hund (Irischer Terrier), welcher auf den Namen Strick getauft ist, ohne immer auf diesen zu hören, einzuschließen.

Ich teile Ihnen höflichst mit, daß ich Ihnen hiermit eine Schadensanzeige übersende, die von meinem Pferde gemacht wurde.

... Zebras habe ich nicht auf dem Fußgängerweg übergehen sehen!

... ich mußte ihn leider aufs Korn, d. h. auf den Kühler nehmen; dann fegte ich ihn seitlich über die Windschutzscheibe ab.

Der Wagen steht wie im vorigen Jahr aufgebockt und bedeckt vor meinem Schlafzimmerfenster; also ist er einigermaßen bewacht.

Bin allergisch gegen Bienenstiche und Versicherungsabschlüsse.

Darf ich Ihnen einen kleinen Betrag schuldig bleiben? Anscheinend wird sofort jemand in der Familie krank, sobald ich Ihre Rechnung ganz bezahlt habe. Solange noch etwas offen ist, sind alle gesund.

Zur Versicherung meines Gasthauses habe ich noch eine Frage an Sie: Ist das Abhandenkommen von Logiergästen mitversichert?

Mein Bruder ist verheiratet mit einem Kind von 2 Monaten.

Ihre Argumente sind wirklich schwach. Für solche faulen Ausreden müssen Sie sich einen Dümmeren suchen, aber den werden Sie kaum finden ...

Die große Scheibe hat mein Mann beschädigt, da er mit einem Gegenstand nach mir warf.

Anliegend erhalten Sie 3 Schadensanzeigen, welche der Hund des Versicherungsnehmers verursacht hat.

Ich fuhr auf der rechten Seite der Herzogstr. Richtung Königsplatz mit ca. 40 km/h Geschwindigkeit. Wegen eines in die Fahrbahn laufenden Kindes mußte ich plötzlich stoppen. Diese Gelegenheit nahm der Gegner wahr und rammte mich von hinten.

Bitte nennen Sie mir die Prämie für ein uneheliches Kind (15 J.).

Mein Mann ist am 11. November gestorben. Bis zu seiner Veräußerung bleibt das Fahrzeug abgemeldet.

Aus meiner Ehe sind zwei Kinder sowie ein Sohn hervorgegangen.

Infolge Umzugs habe ich mich verkleinert.

Der andere Wagen war absolut unsichtbar, und dann verschwand er wieder.

Das andere Auto kollidierte mit dem meinigen, ohne mir vorher seine Absicht mitzuteilen.

Ihnen und Ihrem Inspektor Herrn F. meinen herzlichsten Dank. Vor 3 Monaten erst wurde mein Mann in obige Sterbekasse-Versicherung aufgenommen, heute ruht er aber schon bereits mehrere Tage im Grab. Eine solch kulante Gesellschaft braucht nicht empfohlen zu werden, sie empfiehlt sich von selbst . . .

Ich bin beinamputiert und möchte mich privat krankenversichern. Bekomme ich einen Rabatt, weil mein Fußpilzrisiko nur noch 50% beträgt?

Liebe Versicherung, indem daß ich mitsamt meinem Fahrrad gegen ein Automobil geknallt bin, ist ersteres leider im Eimer. Ich ersuche Sie darum freundlichst, mich kostenfrei zu halten und mir mein Fahrrad, wo DM 200 kostet, zu bezahlen. Das Auto bezahlt ja die Haftpflichtversicherung, weil es auch ganz demoliert ist. Indem, daß mein Fahrrad schon geflickte Reifen und eine vollkommen kaputte Gangschaltung hat, verlange ich höflicherweise nur den Kostenbetrag von DM 180. Davon kaufe ich mir dann ein Kofferradio. Herzlichst dein Reiner.

Ich fuhr gerade in dem Augenblick über eine Kreuzung, als die Verkehrsampel von Gelb auf Rot wechselte. Prompt wurde ich von einem Polizisten an den Straßenrand gewinkt. Ich sagte, ich habe nicht so plötzlich bremsen wollen, aus Angst, jemand könnte mich von hinten anfahren. Der Polizist entgegnete sehr nachdrücklich, das sei kein Argument, denn jeder aufmerksame Fahrer werde bei richtigem Abstand schon zeitig bremsen. Erleichtert, daß ich so glimpflich davongekommen war, fuhr ich nun besonders vorsichtig zur nächsten Kreuzung. Als Gelb kam, bremste ich abrupt und spürte zugleich einen Stoß von hinten. Da saß, das Motorrad dicht an meiner Stoßstange, der gleiche

Polizist mit rotem Kopf, der angespannt nach etwas in weiter Ferne Ausschau hielt, bis wieder Grün kam ...

Das Polizeiauto gab mir ein Signal zum Anhalten. Ich fand einen Brückenpfeiler.

Die Dienstmagd rettete das nackte Leben im bloßen Hemd.

Der Fußgänger hatte anscheinend keine Ahnung, in welcher Richtung er gehen sollte, und so überfuhr ich ihn.

Ein Feuerwehrmann wurde durch eine Stichflamme am Ohr verletzt, welches über dem Helm herausragte.

Ihr Versicherungsnehmer fuhr vorne in meinen Friseur-Salon. Während der Reparaturzeit war ich nur beschränkt tätig. Ich konnte meine Kunden nur noch hinten rasieren und schneiden.

Die Unfallgeschädigte hat sich zu einer gütlichen Vereinigung nicht bereit erklärt.

Schicken Sie mir bitte eine neue Poliese. Meine Alte ist von meinem Papajei anjenacht worden.

Wenn Sie mir nicht entgegenkommen können, muß ich die beiden ersten fahren lassen.

Bei Durchsicht meines Sohnes Karl mußte ich feststellen, daß auf ihm ein Fehler ist.

Ich hupte, aber die Hupe funktionierte nicht, weil sie gestohlen war.

Ich stieß mit einem stehenden Straßenbahnwagen zusammen, der von der anderen Seite kam.

Ich fuhr auf einen Laternenpfahl, den ich nicht sah, weil er durch einige Fußgänger verdeckt war.

Ich stand in der Küche der Gastwirtschaft und schaute durch ein Fenster in die Kegelbahn. Da schob plötzlich mein Kamerad alle neune! Ich sprang in die Höhe, bekam das Übergewicht nach hinten und stürzte direkt auf die Herdplatte. Meine Hose fing sofort Feuer ...

Ich fuhr rückwärts und konnte daher nicht nach vorne sehen, als das Lastauto von rechts kam und links in meine Seite fuhr.

Die Ursache dieser Kollision war ein Zusammenstoß.

Ich teile Ihnen mit, daß ich bereits in einer Sterbekasse bin, damit ich mich selbst begraben lassen kann.

Mein Mann hat sich bei einem Unfall am Kopf schwer verletzt, an dieser Stelle befand sich kein Verkehrszeichen.

Mein Kopf lag auf dem Flurboden des Kellers, meine Beine waren vollkommen verschlungen und lagen auf der untersten Kellertreppe.

Durch das Auslaufen der über uns wohnenden Hausbewohner ist bei uns ein Wasserschaden entstanden.

Da ich am 21. 6. geheiratet habe, bitte ich Sie, falls notwendig, dies zu ändern. Vielleicht könnte einer Ihrer Mitarbeiter, nach Vereinbarung, bei mir vorbeikommen.

Mein Mandant wurde erheblich verletzt. Er erlitt einen Beinbruch, eine Knieverletzung und wurde im Städtischen Krankenhaus stationär aufgenommen. Nach durchgeführter Reparatur werde ich Ihnen die Ansprüche meines Mandanten höhenmäßig bekanntgeben.

Der Unfall wurde durch einen anderen verursacht, der mich nur ganz knapp verfehlte.

. . . und ich bitte, meinen Unfall wohlwollend zu unterstützen.

Herr B. machte keine Anstalten zu halten, er überfuhr die Fahrbahnmitte, so daß ich aus seiner Fahrweise nicht entnehmen konnte, ob er hält oder mir die Vorfahrt nimmt, die er mir ja schon genommen hatte.

Es handelt sich um einen jüngeren Mann, mittelgroß, schwarzes Haar. Er wollte nichts mit mir zu tun haben und suchte schleunigst das Weite, was doch einen merkwürdigen und verdächtigen Anschein hat.

Straßenarbeiter fanden mich, nachdem mir einer zugerufen hatte, ich solle mich festhalten.

Erfahrungsgemäß regelt sich sowas bei einer gewissen Sturheit von selbst. Darum melde ich Unfälle immer erst, wenn der Gegner mit Zahlungsbefehlen massiv wird.

Ich war krank und lag im Bett, da kam meine Verlobte zu mir ins Zimmer und schrie mich an, ich sollte aufstehen. Ich war so verdattert, daß ich aufsprang und sie auf mein Bett warf. Hierbei will sie sich am Kopf gestoßen und sich die Verletzung zugezogen haben.

Am Morgen des 9. Oktober wurde ich zu einem dringenden Hausbesuch gefordert. Patient war sofort tot . . .

Ich war mit 15 Jahren privat im Krankenhaus wegen Gelbsucht. Wurde aber total ausgeheilt. Und seitdem war ich immer im Arbeitsverhältnis, bis jetzt. Dafür kann ich aber nichts.

In einer Linkskurve geriet ich ins Schleudern, wobei mein Wagen einen Obststand streifte und ich – behindert durch die wild durcheinanderpurzelnden Bananen, Orangen und Kürbisse – nach dem Umfahren eines Briefkastens auf die andere Straßenseite geriet, dort gegen einen Baum prallte und schließlich – zusammen mit zwei parkenden PKWs – den

Hang hinunterrutschte. Danach verlor ich bedauerlicherweise die Herrschaft über mein Auto.

Die Kuh, die mir in den Wagen gelaufen ist, war nicht im Vollbesitz ihrer geistigen Kräfte.

... meine Frau und ich kamen von unserem Polterabend nach Hause. Ich ging ins Schlafzimmer, stieg auf den Kleiderschrank und sprang von diesem ins Ehebett. Bei diesem unglücklichen Sprung brach ich mir den linken Mittelfinger und den rechten Daumen ...

Unser Neffe Gerald ist seit dem 16. Oktober im Nervenkrankenhaus (Diagnose: Geisteskrank nach Abitur).

Aus dem Wohnzimmerschrank wurden Schmuck und Bargeld von ca. 12 000 DM gestohlen. Der Schaden beträgt etwa 6000 DM.

Ich stürzte mit dem Abwasch in die Spüle, weil durch Unterbrechung der Stromleitung der Strom ausgefallen war.

Ich möchte rechtzeitig vorsorgen, falls mir etwas passiert. Können Sie mir dabei helfen?

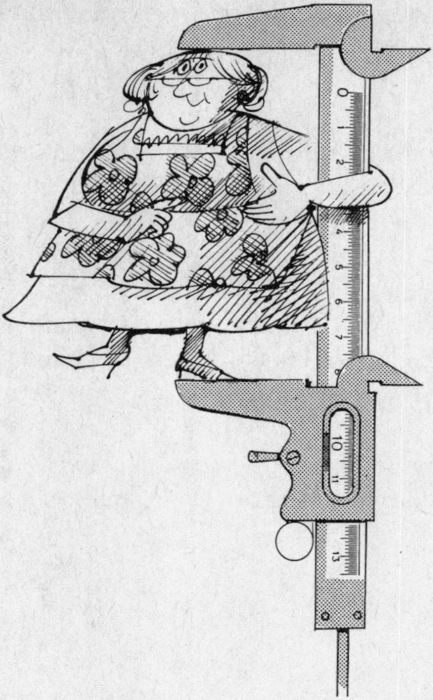

Ich bin 159 cm groß und habe eine Oma, die ist noch kleiner als ich, aber doppelt so schwer – kurz gesagt, sie ist also so breit wie hoch.

Sie haben meine Prämie um sage und schreibe 55 DM erhöht. Diese Belastung ist einfach zu hoch für mich, so daß mir die weiteren Worte fehlen, um dieses voll zum Ausdruck zu bringen.

Mein Dachschaden wurde wie vorgesehen am Freitagmorgen behoben.

Dummerweise stieß ich mit dem Fußgänger zusammen. Er wurde ins Krankenhaus eingeliefert und bedauerte dies sehr . . .

Ich bitte Sie, den o. g. Versicherungsschein um ein weiteres Kind zu ergänzen.

Heute schreibe ich zum ersten und letzten Mal. Wenn Sie dann nicht antworten, schreibe ich gleich wieder.

Ich wünsche den Besuch Ihres zuständigen Vertreters zwecks Behandlung meiner Gattin.

Der Mopedfahrer, der am Tatort alles miterlebte, hatte der Fahrerin meines PKW aufrichtig erklärt, daß er seiner Zeugungspflicht nachkommen wird.

Da bei Ihnen alles so gering ist, möchte ich mich und meine Frau frei laufen lassen.

Meine Nachbarin Frau Müller braucht keine Beiträge mehr zu zahlen. Ich habe gehört, daß sie die 85jährigen entbinden.

Wenn ich nicht mein Geld bekomme, so schicke ich meine Frau jeden Tag zu Ihrem Direktor, bis es Folgen hat . . .

Die Brille muß ich für meine schwachen Nerven haben. Sie sind der einzige Körperteil, mit dem ich sehen kann.

Mein Schwager ist arbeitslos, verdient z. Zt. sehr viel Geld nebenbei. Treffe ihn nie an, weil er immer arbeitet!

Sind im Rahmen Ihrer Kranken-Versicherung Vampirbisse beitragsfrei mit eingeschlossen oder muß hier ein Gefahrenzuschlag für besonders gefährdete Personen vereinbart werden? Wahrscheinlich gibt es einen generellen Ausschluß, aber trotzdem bitte ich Sie darum, sich in dieser wichtigen Frage mit mir in Verbindung zu setzen ...

Mit meiner Frau stehen noch Verhandlungen aus, denn sie wird wahrscheinlich mit gewissen Teilen bei Ihnen bleiben.

Habe schon so Schulden am Hintern hängen, in dem ich einen Offenbarungseid leisten muß ...

Mein erkrankter Sohn wurde 3 mal, einmal 10 Uhr, 14 Uhr, 16 Uhr in Bonn, am Südfriedhof angefahren.

Der Vertrag ist bereits ausgestellt und die Oberärztin Dr. J. S. an den Versicherten in die Türkei gesandt worden.

Der Kraftsachverständige war völlig ungehalten, als er auf mein Vorderteil blickte ...

Hiermit übersende ich Ihnen zwei Rechnungen von meiner Frau und den zwei Kindern, die gestern eingegangen sind.

Als der Monteur mit dem Hammer zum Schlag ausholen wollte, stellte sich der Anspruchsteller hinter ihn, um genau zu sehen, wo der Schlag hinging. Da ging ihm der Schlag an den Kopf ...

Der Hund kam auf ihn zu und wollte ihn streicheln. Darauf biß er ihn.

Nach dem Besuch des Beamten von der Fürsorge bitte ich Sie, einen Mutterschaftsausweis auszustellen.

An der Kreuzung hatte ich einen unvorhergesehenen Anfall von Farbenblindheit.

Nach dem Zusammenstoß entfernte sich der schuldhafte Hund unerlaubt von der Unfallstelle.

Was mich am schwersten belastet sind die Schmerzen durch die Gehörnerschütterung.

Zum Sachverhalt (Hundebeißerei) teile ich Ihnen noch mit, daß sich mein Dackel in der Bekleidung meiner Tante befand, während sich der Schäferhund ohne Bekleidung von seinem Wohnsitz entfernt hatte . . .

Mein verletzter Mann befindet sich in größter Lebensgefahr, denn er steht bei Dr. med. S. in ärztlicher Behandlung.

Von dem Lenker des Unfallautos ist nur sein männliches Geschlecht bekannt.

Bitte lassen Sie sich vom zuständigen Polizeirevier bestätigen, daß der Schaden wegen Geringfügigkeit nicht aufgenommen wurde.

Polizeiliches Führungszeugnis wurde beantragt. Lichtbilder sowie Referenten werden nachgereicht.

Bitte seien Sie so nett und senden Sie mir eine Fotokopie von dem Unfallgegner.

Da es sich bei der Police um einen Herren handelt, ist eine Neuausfertigung erforderlich.

Mein Sohn hat die Frau nicht umgerannt; er ist einfach vorbeigerannt. Dabei ist die Frau durch den Luftzug umgefallen.

Ich beantrage nach wie vor die Zusammenlegung mit meiner Ehefrau.

... Einnahmen aus der Viehhaltung haben wir keine. Mit dem Tod meines Mannes ging das letzte Rindvieh vom Hof.

Beim Aufhängen von schweren Schinken, indem mir einer auf den Fuß fiel, wurde mir die Hand gequätscht.

Meine Frau wurde von einer wüsten Krankheit befallen.

Man soll den kranken Blinddarm nicht auf die leichte Schulter nehmen, sonst schneit der Tod wie ein Blitzstrahl herein.

Meine Tochter ist immer noch krank. Sie liegt zu Bett und fiebert mit Hochachtung. Frau Schulze.

Der Unfall der Frau K. ist bei Benutzung des Klosetts in ihrer Wohnung entstanden, indem sie beim Aufstehen vom Klosett durch den angefaulten Fußbodenbelag, zwischen den Geschoßbalken, in das darunterliegende Badezimmer in die Badewanne fiel . . .

Ich werde die Sache einem Reitzanwalt übergeben!

Georg Z. kam mit dem Fuhrwerk die Straße entlang, scheute und ging durch.

Ich holte am Schadenstag Dickrüben und meine Frau von der Bahn ab.

Beim Holzfällen hat sich ein Stamm gedreht und ist anstatt nach unten nach oben gefallen.

Ich appelliere jetzt an Ihre Humanität! Befriedigen Sie mich in aller Ruhe!

Im folgenden übersende ich Ihnen meine Schmerzensgeld-Berechnung: 10 Tage im Bett gelegen à 4,50 DM = 45 DM; plus 15 Tage auf dem Sofa gelegen à 2,50 DM = 37,50 DM.

Der Geschädigte leidet an finanzieller und körperlicher Gebrechlichkeit und besitzt 12 Kinder.

Ich war gerade im Keller, als die Waschmaschine plötzlich stark zu rauchen anfing.

Meine Frau stand aus dem Bett auf und fiel in die Scheibe der Balkontüre. Vorher war sie bei einem ähnlichen Versuch aufzustehen gegen die Zentralheizung gefallen.

Wegen einer vegetiven Distonie bin ich öfters ans Bett gebunden.

Der ausgebrochene Bulle ist ein Weidemastbulle und wurde vom Rind des Landwirts Kluge zum Deckakt aufgefordert.

Es handelt sich hier um einen Autounfall mit Windschutzscheibenverletzung.

Als ich mit einem hinzukommenden Arzt zum Toten gegangen war und mich mit diesem unterhalten hatte, war mir der Unfallhergang klar geworden . . .

Eine Einsichtnahme in die Aktensammlung der Polizeidirektion ergab, daß Herr M. dort nicht einliegt.

Während des Aufenthalts im Krankenhaus stand mir meine Frau als Ehepartner nicht zur Verfügung. Unser normaler Bedarf im ehelichen Verkehr ist wöchentlich im Durchschnitt 2 mal. Da meine Frau aufgrund der körperlichen Schäden diesem Bedarf nicht nachkommen konnte, war ich gezwungen mir auf dem freien Markt meinen Ausgleich zu suchen. Dies ist jedoch mit entsprechenden Kosten verbunden. Um auch nur annähernd an das Format meiner Frau heran zu kommen, ist unter DM 80,– nichts zu machen. Es ergibt sich daher aus dem oben aufgeführten folgende Rechnung: Gesamtzeit des Krankenstandes meiner Frau: 7 Wochen. Je 2 maliger Bedarf des körperlichen Ausgleichs meinerseits à DM 80,– = Summe 1.120 DM. Ich bitte Sie, diesen mir entstandenen finanziellen Schaden anzuerkennen und den Betrag alsbaldigst zu überweisen ...

... auch bringe ich kaputte Maschinen in die Fabrik, auch bringe ich Raumpflegerinnen oftmals nach Hause. Das dürfte mit einem Gewerbe nichts zu tun haben.

Seit der Trennung von meinem Mann wird jeder notwendige Verkehr durch meinen Rechtsanwalt erledigt.

Nach Rückkehr von meiner Abwesenheit erreichte mich Ihr oben angeführtes Schreiben.

Ich bitte um Wiederaufnahme des linken Knies meines Sohnes in die Krankenversicherung.

Aus gesundheitlichen Gründen gebe ich meinen Betrieb auf und lasse mich bei einer Behörde anstellen.

Ich entfernte mich vom Straßenrand, warf einen Blick auf meine Schwiegermutter und fuhr die Böschung hinunter.

Als ich auf die Bremse treten wollte, war diese nicht da.

Hiermit kündige ich meinen Krankenversicherungs-Vertrag. Ich bin zur Erkenntnis gelangt, daß durch die offizielle Medizin keinerlei Hilfe, im besten Fall Symptomenverschleierung zu erwarten ist.

Der andere Wagen fuhr mal nach links, dann nach rechts, dann wieder nach links, ehe ich mit ihm kollidieren konnte.

Ich kann den reparierten Wagen jetzt nicht einlösen, weil ich in meinem Obergeschoß erst kürzlich einen Brandschaden hatte.

Beim Belegen einer Jungsau mußte ich dem Eber Hilfestellung leisten. Dabei trat mich der Eber auf den linken Fuß.

Hiermit teile ich Ihnen mit, daß ich kameradschaftlich abgeschleppt wurde. Bezahlen brauchte ich nicht, weil wir Sportfreunde sind . . .

Mit großer Wahrscheinlichkeit war es ein Einbruchsdiebstahl. Alles war durcheinander, Fernseher, Plattenspieler und Radio fehlten. Das Fenster war eingeschlagen.

Er ist in die Krone einer Birke gerast und gegen einen dort abgestellten PKW geknallt.

Eine nachweislich geplante Wanderung mit meinen Bienen in die Heide kann ich nun nicht mehr termingemäß durchführen. Mir gehen dadurch etwa 1000 DM Einnahme verloren!

Ich möchte die Krankenversicherung ab sofort kündigen, da mein verstorbener Mann jetzt im Rentenalter ist, steht mir die Ortskrankenkasse zu.

Im übrigen hat B. nur eine ärmliche Landwirtschaft mit drei Stück Vieh und neun Kindern.

Hiermit kündige ich Ihre Haftpflichtversicherung. Ich bin zur Zeit in Haft und brauche daher keine Haftpflicht-Versicherung.

Durch ein Versehen der Post sind wir nicht verzogen, sondern waren auf längere Zeit verreist.

Ich bin noch beweglich, verliere aber bei gefülltem Tank ca. 15 l Benzin.

Ich habe mein Auto bereits seit 40 Jahren gefahren, als ich plötzlich am Steuer einschlief und den Unfall hatte.

Meine verletzten Körperteile bitte ich dem Bericht des Städtischen Krankenhauses zu entnehmen.

Ein Rad geriet in den Straßengraben. Meine Füße sprangen von der Bremse zum Gaspedal, hüpften über die Fahrbahn auf die andere Seite und stießen gegen einen Baumstumpf.

Ich hupte ununterbrochen mit der einen Hand und gestikulierte mit der anderen durch das Rückfenster, daß der Fahrer mich umfahren sollte.

Da meine Frau gerade die Fahrschule besucht, möchte ich noch anfragen, ob irgendwelche Meldungen erforderlich sind, wenn sie nachher fährt.

Sollten Sie mir wieder mit solchen plumpen Mätzchen kommen, die Sie Kleinstkindern als Märchen erzählen können, oder sollten Ihre Gedanken darauf schließen, das ist ja nur ein ganz Armer und zu dumm, sich zu wehren, dann täuschen Sie sich. Sie sollten sich das wohlweißlich überlegen, denn falls wieder ein ablehnender Bescheid kommt, werden Sie was erleben.

Ich habe Rheumatismus und ein Kind von vier Jahren, was auf die Feuchtigkeit zurückzuführen ist.

Ich muß Sie darauf hinweisen, daß ich die Haftpflichtversicherung erst dann zahlen kann, wenn ich Ihre Rechnung gefunden habe.

Die Unfallzeugen sind dieser Anzeige beigeheftet.

Ich melde hiermit den Diebstahl meines Mannes Hans W. Die Rechnung über 350 DM liegt bei.

Mein Fahrrad kam vom Gehsteig ab, touchierte einen Porsche und fuhr ohne mich weiter.

Zur Untersuchung bei der Augenärztin mußte meine Mutter gefahren werden. Auf der Rückfahrt fuhr sie über den Optiker. Dafür mußte sie 18,60 DM bezahlen.

Hiermit gebe ich Ihnen bekannt, daß meine Frau nicht im Krankenhaus gelegen ist, sondern nur so, beim Arzt.

Die 4 Verletzten des Autounfalls wurden in die Klinik gefahren, 5 davon sind inzwischen wieder entlassen worden.

Ich habe einen Hund bekommen – machen Sie so etwas auch?

Das Feuer wurde offensichtlich durch ein Kind verursacht. Es steht jedoch nicht fest, ob dasselbe aus Vergnügen, Absicht oder Spielerei entstanden ist.

Ich trat auf die Straße. Ein Auto fuhr von links direkt auf mich zu. Ich dachte, es wollte noch vor mir vorbei, und trat wieder einen Schritt zurück. Es wollte aber hinter mir vorbei. Als ich das merkte, ging ich schnell zwei Schritte vor. Der Autofahrer hatte aber auch reagiert und wollte nun wohl doch vor mir vorbei. Er hielt an und kurbelte die Scheibe herunter. Wütend rief er: »Nun bleiben Sie doch endlich stehen, Sie!« Das tat ich auch – und dann hat er mich überfahren.

Hiermit teilen wir Ihnen mit, daß Herr Ingo K. am Donnerstag um 2.30 Uhr verstarb. Wir bitten um Bestätigung.

... ich schicke Ihnen die Rechnung von Prof. Dr. L. für seine Leistungen an meiner Frau.

Vermutlich war sein Herz sofort nach dem Tod stehengeblieben.

Wenn nötig, sende ich Ihnen alle Unterlagen – vom Eintritt bis zur Ausscheidung ...

Ich bin selbständige Kauffrau im Einmannbetrieb.

Jetzt muß ich mit meinem geschwollenen Bein durchs Leben humpeln. Mein Hausarzt sagt »Damit müssen Sie sich abfinden, das behalten Sie noch lange.« Ein schöner Trost. Ich bin ja nicht Marlene Dietrich, doch meine Beine konnten sich auch sehen lassen.

Leider habe ich Ihren Scheck mit dem Schaden-Auszahlungsbetrag verlegt. Ich bitte Sie, mir nochmals per Verrechnungsscheck den Betrag anzuweisen.

Die Frage nach dem Schadenshergang kann leider nicht beantwortet werden, da der Hund still für sich gearbeitet hat!

Als Diagnose ist anzumerken: Verkehrsunfall, Prellungen sowie Schwangerschaft.

Ich bin von Beruf Schweißer. Ihr Computer hat an der falschen Stelle gespart und bei meinem Beruf das »w« weggelassen!

Aus Ihren Bedingungen geht nicht klar hervor, ob die Beseitigung von Verstopfungen ersatzpflichtig ist oder nicht.

Beim Mauern fiel er ca. 5 m vom Gerüst, konnte sich noch kurz im Fallen anhalten, so daß der Sturz gemindert wurde.

Liebe Versicherung! Da infolge meines hohen Alters in Kürze mit meinem Ableben zu rechnen ist, bitte ich um Regulierung des Schadensfalles. Sollten Sie aber nicht in der Lage sein, den Termin einzuhalten, so bitte ich Sie, dies mit meinen Erben zu verrechnen.

Ich wollte mein Fahrzeug im Wald wenden, da ging es mir durch und verließ mich.

Unser Hund hat den Herd eingeschaltet, und dann hat alles gebrannt.

Ich brauche keine Lebensversicherung. Ich möchte, daß alle richtig traurig sind, wenn ich einmal sterbe!

Die Impfung erfolgte nach Zeckenbiß durch einen Kollegen.

Nun möchte ich wissen, wie Sie von mir kleinem, ausgebombtem und von vorn anfangendem Mann DM 43,05 haben wollen?

Um Aufnahmen mit einem Tonbandgerät zu machen, befanden wir uns auf der Toilette. Es sollten Wassergeräusche aufgenommen werden. Das Mikrofon sollte dabei nahe an den Wasserkran. Um nicht die ganze Zeit zu stehen, setzte ich mich auf den Toilettendeckel. Dabei brach dieser in mehrere Stücke und ich flog hinein . . .

Herr P. ist eindeutig haftpflichtig. Nur weil ich sagte »Du Hornochse«, warf er mit dem Salatteller nach mir und schüttete eine Maß Bier über meinen Anzug. Dann warf ich zurück . . .

Ich bitte Sie höflich, die dynamische Automatik abzustellen.

Hiermit möchte ich die Zuchttierversicherung des Bullen Zanus OM zum nächstmöglichen Termin kündigen, da der Zuchtbulle höchstwahrscheinlich nicht zuchttauglich ist und zurückgenommen wird. Falls andere Umstände eintreten, werde ich mich wieder melden.

Ich fuhr nachts bei einem Alptraum hoch, prallte mit dem Gesicht gegen eine Bettkante und schlug mir einen Zahn aus. Kein Verschulden einer anderen Person.

Frau Berta K. ist zum 12. 12. verstorben und wurde vergessen.

Ich bitte, Ihr Angebot nochmals zu überprüfen, zurückzunehmen oder eingehend zu begründen, bevor ich darüber ablehnend entscheide.

Ich bin beim Arzt gewesen und habe deshalb einen Schaden . . .

Ich will meinen Georg nicht impfen lassen. Meine Freundin Lotte hat ihr Kind auch impfen lassen, dann fiel es kurz danach zum Fenster raus.

Unser Kater Charly biß dem Nachbarskater das rechte Ohr ab. Jetzt will der Nachbar Schadenersatz. Ich frage Sie, was kostet ein Katzenohr und bin ich haftpflichtversichert?

Meine Frau macht die größten Scherereien wegen der abgeschlossenen Versicherung. Ich bitte Sie daher höflichst, aus Kullanz mich aus dem Vertrag zu entbinden.

Wäre ich nicht versichert, hätte ich den Unfall nie gehabt, denn ohne Versicherung fahre ich nicht.

Sie haben beim Rabatt vergessen, daß ich mit meiner Frau ein Ehepaar bin. Dies ist ein Fehler, den ich leider lange übersehen habe und den ich zu berichtigen bitte!

Meine Mandantin ist bis heute noch nicht voll arbeitsfähig, da ihre Tätigkeit darin besteht, Schreibmaschine zu schreiben und gleichzeitig mit der linken Hand die Rechenmaschine zu bedienen.

Bitte bezahlen Sie jetzt alles aus Ihrer Unterstützungs- und Haftkasse, denn ich rechne in Kürze mit dem Eingang größerer Rechnungen . . .

Ich fuhr vor und mein Ehemann hinter mir.

Ich habe den Wagen meines Mannes verkauft, weil dieser seine Seele ausgehaucht hat.

Bei dem Verkehrsunfall wurde mein Mann so schwer verletzt, daß er lange Zeit nicht mehr unbeschwert lieben konnte . . .

Es ist ein Verbrechen, derart auf der Landstraße vorzugehen. Der LKW riß mich, während ich die Gosse in der Kurve fegte, um. Ich konnte nur noch geistesgegenwärtig vom Tode bewahrt bleiben.

Ich konnte den PKW nochmals auf die Fahrbahn zurücklenken und kam dann wieder nach rechts und geriet über die Böschung hinaus. Was dann war, weiß ich nicht mehr. Ich kam erst wieder zu mir, als ich auf einem Baum im Wald saß.

Es ist ein Unsinn, wenn Frau S. behauptet, meine Katze hätte ihren Wellensittich gefressen, denn die frißt nur Trockenfutter!

Teile Ihnen mit, daß mein Mann am 24. 3. verstorben ist, damit die Schwerbehinderung aufgehoben wurde.

Ihr Herr H. hat mir damals Ihre Versicherung unter sehr merkwürdigen Umständen angedreht. Ich war besoffen!

Mein Auto fuhr einfach gerade aus, was in einer Kurve allgemein zum Verlassen der Straße führt.

Unser Sohn hat die Saugdüse meiner Bekannten beschädigt. Eine Reparatur war nicht mehr möglich.

Beim Ostereiersuchen ausgerutscht. Fiel auf rechtes Sprunggelenk. Zeuge: Der Osterhase.

Ich bin bei Ihnen krankenversichert und wäre Ihnen dankbar für die Mitteilung, wie sich meine Prämie verändert, wenn 1. ich heirate – ohne Kind, 2. ich heirate – mit Kind, 3. ich heirate nicht, aber lasse ein Kind bei mir mitversichern.

Natürlich kann man eine Schwangerschaft mit anschließender Fehlgeburt als »Verkehrsunfall« bezeichnen. Ich glaube aber nicht, daß Sie dafür haften.

Ich tat mein Möglichstes. Da meine Frau gerade im Wochenbett lag, legte ich mich jede Nacht zu der Kuh in den Stall, was aber keinen Erfolg hatte . . .

Als wir kurz vor Elsfleth waren, sah ich auf meine Uhr, und als ich wieder aufblickte, sah ich nichts mehr.

Da die Firma lediglich aus den drei Mitinhabern besteht, kann das Personal erforderlichenfalls natürlich nicht selbständig arbeiten, weil das Personal nicht vorhanden ist.

Ihr Unfallformular konnte ich leider am Ort nicht anwenden, weil das Handschuhfach zugeklemmt war.

... finde ich es ungerecht, den Magen und Zwölffingerdarm fünf Jahre von der Versicherung auszuschließen. Wie schnell leidet man in der heutigen Zeit an Nervosität und legt sich auf den Magen!

Das Landgestüt gibt alljährlich an geeignete Privatpersonen Hengste während der Deckzeit ab, die dann dieselben Aufgaben erledigen, wie ein beim Landgestüt hierzu eingestellter Gestütwärter.

Ich gebe zu, den Autounfall verursacht zu haben. Nur weil unser Wellensittich sehr krank ist, bin ich schneller als sonst gefahren. Es ging um Leben oder Tod.

Mein Hund hat am 4. 2. einen Autounfall gehabt.

Der Unfall hat sich auf dem Sportplatz an der Hartwaldstraße ereignet. Bei der Trainingsvorbereitung ließ der Kamerad Peter W. ohne Aufhebens die Eisenkugel auf meinen Fuß fallen . . .

Ich fuhr rückwärts eine steile Straße hinunter, durchbrach eine Grundstücksmauer und rammte einen Bungalow. Ich konnte mich einfach nicht mehr erinnern, wo das Bremspedal angebracht ist . . .

Nach dem Unwetter sieht es furchtbar bei mir aus. Ich bin 100%ig verhagelt!

Doris ist im Obstgarten gestolpert. Der Eigentümer des Obstgartens ist Herr Ernst H., den wir mitgemietet haben.

Ich holte aus! Dann schlug ich zu! Statt des Holzklotzes traf ich meinen neuen Stiefel. Darin steckte mein Fuß. Der war dann verletzt . . .

Die Kopfwunde wurde durch die Arbeiter-Samariter versorgt und zu den Barmherzigen Brüdern gebracht.

Das Seitbort wurde beschädigt, als mein Mann mit Weinflaschen nach mir warf.

In dem ich meinen neuen Belsmandel bei einem Feierwerbahl bein Danzen ferbrand hawe intem ich nichd aufgebast hawe weil ich nichd auf meinen schdul sas und nichd hinsah täte ich bieden das man mir disses ersetzt.

Ich möchte euch meinen weiteren Lohnausfall sowie die Krankenkassenversicherung aufs Herz legen.

Hier dürfte doch ein Wurm drin sein, der im Falle eines Falles hohe Wellen schlagen wird.

Es stehen noch zwei Rechnungen aus, da der Krankenhausarzt mit den Nerven fertig ist.

Ich habe den Patienten heute wegen eines Dienstunfalls untersucht, wobei er sich eine Zerrung am rechten Oberschenkel zuzog.

Das Kind Sandra liegt stationär bei uns und bedarf einer weiteren Aufzucht.

Es war ein Auffahrunfall. Ich lief schnell hin und sah dann, wie die Dame Blut an der Hand hatte und eine mäßige Ladung Flaschen im Kreuz.

Am Sonntag, kurz vor 12 Uhr, bin ich außerhalb des Zoos von einem der Kamele verfolgt worden und dadurch so heftig gestürzt, daß ich ärztliche Behandlung in Anspruch nehmen mußte.

... dann brannte plötzlich der Weihnachtsbaum. Die Flammen griffen auf den Vorhang über. Mein Mann konnte aber nicht löschen, weil er wie ein Verrückter nur die Hausrat-Police suchte!

Da Sie jetzt die Bescheinigung der AOK und den zuständigen Inspektor vorliegen haben, ist wohl eine weitere Bearbeitung der Kündigung gewährleistet.

Würden Sie mir bitte mitteilen, wie ich oder meine Angehörigen sich im Fall eines Ablebens zu verhalten haben?

Sehr geehrte Herren, wir, meine 1. Frau und ich, sind seit langem bei Ihnen versichert und Sie haben mir damals beim Ableben meiner 1. Frau treu geholfen. Darum bin ich später mit meiner 2. Frau gleich wieder bei Ihnen versichert gewesen.

Ich bin ein altes Mitglied, das sonst immer ängstlich darauf bedacht ist, daß mindestens kein Unfall vorkommt, und habe dann ausgerechnet in einer Kirche bei einer feierlichen Handlung einen Fehltritt gemacht (die meisten Männer machen das anderswo!) ...

Ihrem zuständigen Vertreter ist der Versicherungsnehmer bestens bekannt. Er hat einen schlechten Ruf und ist dazu Brillenträger.

Bei der Verrichtung eines Deckgeschäftes am 11. November wurde dem Eberhalter J. D. die Sonntagshose zerrissen.

... ob der Eber durch Verlesen oder Füttern des von Ihnen angeführten § 833 BGB in Zukunft zu größeren Zärtlichkeiten zu veranlassen ist, wäre einen Versuch wert ...

Ich habe im Meer geschwommen und bin plötzlich bewußtlos geworden und im Anschluß ertrunken. Mein Schwager hat mich ans Land gebracht. Mit Belebungsversuchen hatte er Erfolg ...

Trotz Bremsens und Überschlagens holte ich das andere Fahrzeug noch ein und beschädigte den linken Kotflügel des Wagens.

Unsere Autos prallten genau in dem Augenblick zusammen, als sie sich begegneten.

Unsere Ziege hat Ihre Versicherungspolice aufgefressen. Da ich dieselbe icht öffnen kann, bitte ich um eine neue . . .

Bei einer abendlichen Fahrt mit meiner Ehefrau habe ich einen Wildschaden erlitten.

Alle Rechnungen, die ich erhalte, bezahle ich niemals sofort, da mir dazu einfach das Geld fehlt. Die Rechnungen werden vielmehr in eine große Trommel geschüttet, aus der ich am Anfang jeden Monats drei Rechnungen mit verbundenen Augen herausziehe. Diese Rechnungen bezahle ich dann. Ich bitte Sie zu warten, bis das große Los Sie getroffen hat . . .

Als ich nach Hause kam, schwamm mein 8jähriger Sohn im Wohnzimmer herum, da das Bad übergelaufen war.

Ich gebe ja zu, daß ich auf den Langholzbauern auffuhr. Aber nicht direkt auf ihn selbst, sondern hintenrein, wo das Holz aufhört.

Meine beiden Pferde haben chronische Bronchitis und auch unser Schäferhund hat dauernd was anderes. Deshalb will ich bei Ihnen eine Tierkrankenversicherung machen, wenn sie sowas machen ...

Ich wollte meinem fünfjährigen Sohn mit meiner rechten Hand auf seinen Unaussprechlichen anständig daraufgeben. Für diesen Zweck habe ich ihn mit der linken Hand am Kragen gepackt, er machte aus lauter Schreck einen Sprung, der Schlag auf seine vier Buchstaben kam dazu. Die drei Kräfte haben sich getroffen, wirkten im gleichen Moment sich summierend in eine Richtung und trafen auf meine Rippe ...

Im Betreff sehen Sie die von Ihnen reklamierte Versicherungsnummer. Ich hoffe, ich habe Sie jetzt mit dieser Nummer befriedigt.

Ohne ersichtlichen Grund bin ich mit meinem Kopf auf unserer Treppe aufgeschlagen ...

Zum Operieren brauche ich Kontaktlinsen. Eine andere Möglichkeit wäre, daß mir eine sterile Schwester ständig die Brille auf- und absetzt ...

Ich reise für drei Monate nach Holland und will keine Beiträge mehr zahlen. Meine Nachbarin, die ebenfalls versichert ist und mitreist, wurde auch schon entbunden.

Wie bereits jenseits bekannt ist, bin ich bei Ihrer Versicherung versichert.

Ich befinde mich zur Zeit auf einer Bildungsreise in Italien . . . Diese Reise ist mir vom Arzt dringend empfohlen worden.

... möchte Ihnen mitteilen, daß mein Mann verstorben ist. Ich dachte, das wäre längst erledigt. Durch eine Rückfrage erfuhr ich, daß ich das selbst erledigen muß.

... mit meiner Hausratversicherung hänge ich jetzt zwischen Himmel und Erde. Teilen Sie mir bitte schriftlich mit, wo ich nun hingehöre.

Nach Operation an meiner rechten Büste haben Sie mich mit der Büste aus Ihrem Vertrag herausgenommen. Da ich Sie aber bis heute weder an der Büste noch sonst in Anspruch genommen habe, geht meine Frage dahin, wann werden Sie mich mit der Büste in Ihrer Versicherung aufnehmen?

Seit einem halben Jahr habe ich eine Haftpflichtversicherung für ein Auto. Ich habe vorher noch kein Auto gefahren. Trotzdem habe ich die Versicherung mit 125% abgeschlossen, statt 175%. Ich möchte Sie wegen dem Betrug um Vergebung bitten und erkläre mich für die Wiedergutmachung des Betruges bereit. Mein ehrliches Zeugnis beruht sich nur darauf, daß ich vor einem Jahr Christ geworden bin und unser Leben völlig in die Hände unseres Retters, Jesus Christus, gegeben habe ...

Ich zerbrach eine Fliese und verletzte mich. Für diese Tätigkeit habe ich kein Entgelt verlangt.

. . . muß Ihnen einen kleinen Schaden melden, mein Sohn hat den katholischen Stadtpfarrer hinten etwas ramponiert!

Der Unfall wurde von einem netten jungen Bullen aufgenommen, der schon nach kurzer Zeit meine Unschuld unter Beweis stellte.

Ich bitte zu prüfen, ob in der Teilkasko-Versicherung Schäden eingeschlossen werden können, die durch Austreten des Wildes auf Landstraßen entstehen.

Zunächst brauche ich dringend ein Darlehen über 10000 DM. Ich habe Ihrer Agentin, Frau M., gesagt, daß ich dann alles bei ihr machen will . . .

Bitte ändern Sie den Vertrag so ab, daß bei meinem Todesfall die Versicherungssumme an mich bezahlt wird.

Ich möchte eine Versicherung abschließen, wo ich meine Frau mit decken kann.

Ich bin Zoologe und glaube deshalb, den Zustand seiner Frau sachverständig beurteilen zu können . . .

Eine Kuh trat in meinen Wagen. Ich hörte später, die Kuh sei schwachsinnig.

Es wurde festgestellt, daß die Hohlräume im Kopf meines Mannes vom Unfall herrühren.

Wenn der andere Fahrer wenige Meter hinter sich gebremst hätte, wäre der Unfall vermieden.

Drei Frauen sprachen miteinander, und als zwei zurücktraten und eine vor, mußte ich einen Unfall haben.

Es war eine Geburtstagsfeier. Ich bin beim Tanzen gestolpert und mit dem A. . . auf den Tisch gefallen. Dabei ist die Marmorplatte zerbrochen!

Ich wollte auf der linken Fahrbahn einen PKW überholen, da er vor mir schon in Schlangen hineinfuhr. Als ich mich auf gleicher Höhe befand, schaute er hinüber, lachte, und kam anschließend immer weiter nach links. Als ich mich schon äußerst links befand, und er weiter nach links kam, mich gegen die Leitplanken drückte, verlor ich die Besinnung, ebenfalls meine Schwiegermutter . . .

Von meinem Zahnarzt wurde mir ein fehlender Zahn extrahiert . . .

. . . an dem Unfall bin ich völlig schuldlos. Der Hund meines Nachbarn ist Zeuge!

Ich bitte Sie, eine neue Police auszustellen, und dazu meine Frau mit einzuführen. Sie ist bei unserem Umzug verloren gegangen.

Ich möchte höflich Mitteilung machen, daß ich am Sonnabend beim Vergnügen mein bestes Kleid zerrissen habe . . .

Ich glaube, daß kein Fahrzeug Schuld hatte, aber wenn eins Schuld hatte, war es das andere.

Vor dem Unfall mußte ich noch nie eine Brille tragen und seither trage ich zwei.

Die zum Tode führende Behandlung begann am 15. September . . .

Gegen 16.00 Uhr klingelte der Briefträger. Unser Harro stürzte zum Gartentor – vor dem der Briefträger wartete – sprang aus dem Stand sofort hinüber (was wir bisher für unmöglich hielten) und erfaßte umgehend den Briefträger an dem Wadenbein. Dieser flüchtete auf die Kühlerhaube seines daneben stehenden VWs.

Plötzlich hörte ich vor mir einen Knall, und es stellte sich später heraus, daß die Windschutzscheibe der Frau H. geplatzt war. Der Knall war noch nicht zu Ende, als es auch bei mir knallte und mir die Windschutzscheibe um die Ohren flog. Der Wagen der Frau H. und mein PKW haben sich nicht berührt.

Die Verletztung entstand beim Transport einer Dame, wobei mir diese plötzlich in den rechten Unterarm biß.

Der Unfall passierte so: Ich stand unter einem Apfelbaum und schüttelte Pflaumen herunter ...

Am Strand von Rimini habe ich meine Zahnprothese verloren. Zahlt das Ihre Reisegepäck-Versicherung?

Der Tote befand sich auf dem Weg von der Küche zur Wohnung, rutschte aus und stürzte zu Boden.

Ich wollte am frühen Morgen im Adamskostüm schnell die Zeitung vor der Wohnungstür holen. Da schlug die Tür zu. Zur gleichen Zeit kamen zwei Leute aus dem Lift. Deshalb bin ich die Treppe runtergelaufen, stolperte und zog mir eine Rippenprellung zu ...

Ich nehme das Versicherungsverhältnis unter keinen Fall für ein weiteres Jahr nochmals in Beitritt, andernfalls müßte ich Rechtshilfe zu mir ziehen!

Wenn ich Magenschmerzen habe, trinke ich öfter einen Cognac. Andere Medizin nehme ich nicht.

Denjenigen, den ich als Unfallzeugen angegeben habe, nehme ich hiermit zurück.

Der angetrunkene Viehhändler hatte mit seinem »Karren« den Zaun und meine ganze hintere Seite aufgerissen. Das Schwein konnte erst später eingefangen werden …

Das Nasenbein ist schief und fällt auf den ersten Blick ins Auge.

Die Heirat mit meinem Mann war ein Risiko. Er ist auf und davon, der kommt nicht wieder. Sie können mir also die Risikoversicherung auszahlen …

Frage höflich an, ob ich die Sterbegeldversicherung um 2 Jahre weiterversichern kann. Bin heute zwar 85 Jahre jung, hoffe, die 2 Jahre weiterzumachen. Die Manipulanten »daoben« haben den Einberufungsbefehl ausgefertigt, aber – so hat mir der Meßner gesagt – der Obermanipulant hat gesagt, ich muß noch warten, er hat keine Zeit – da warte ich halt weiter …

Als Hobby halte ich fünf Hühner und einen Hahn. Beim Hühnerfüttern am 24. Februar in den Morgenstunden stürzte sich der Hahn plötzlich undunerwartet auf mich und biß mir in den rechten Fuß. Er landete sofort im Kochtopf.

... verlange mein Geld zurück. Seit 20 Jahren zahle ich in Ihre Versicherung und nichts ist passiert!

Der andere Wagen fuhr auf meinen zu, hat mir aber vorher seine Absicht nicht im geringsten angezeigt. Daraufhin machte ich dem anderen Idioten meine Meinung klar.

Meine Jeans war so eng, daß ich mich nicht weit genug umdrehen konnte, um das andere Auto zu sehen.

Obwohl der Mann einen Seitensprung machte, kam nicht er, sondern seine Frau zu Schaden ...

An dem Unfall vom 18. 3. kann ich deshalb keine Schuld haben, weil meine Großmutter im Wagen saß, die immer gut auf mich aufpaßt und mir auch diesmal mit dem Regenschirm über den Kopf haute, als das Auto die Kreuzung noch gar nicht erreicht hatte ...

Ihre Einwendung, ich war mit dem Deckakt einverstanden, ist geradezu kindisch. Glauben Sie denn wirklich, wenn ich nicht einverstanden gewesen wäre und hätte dies dem Bullen gesagt, daß dieser von der Sache abgelassen hätte?

Der leichtsinnige Radfahrer war in der Nacht vor uns auf der Straße gefahren, ohne sein Hinterteil beleuchtet zu haben.

Es sieht so aus, als ob die Leiche ohne fremde Einwirkung hinuntergestürzt ist.

Das linke Bein war schneller im Schacht als das rechte.

Dieser Tage wurde die vor kurzem in einer Versammlung der Landwirte beschlossene Sterilisierung von Dr. M. und Dr. F. hier durchgeführt.

Es konnte ärztlicherseits damals noch nicht abschließend geklärt werden, ob es sich um einen gut- oder bösartigen Tumor gehandelt hat. Aufgrund der heutigen Unterhaltung wird mir jedoch versichert, daß Bösartigkeit aufgrund der ihn behandelnden Kollegen nicht vorgelegen habe.

Herr B. ging am 15. 1. so für sich hin mit seinem Hund (bayerischer Abstammung) spazieren. Da kam ein fremder Hund daher (vermutlich preußischer Provenienz). Dieser griff den Hund des Herrn B. grundlos an (man kennt das ja!). Herr B. wollte die beiden auseinanderbringen und rief: »A Ruah is, sog i!« Aber der Preiß' gab keine Ruhe und biß Herrn B. hinterfotzig in die rechte Hand.

Herr M. fiel die Treppe hinunter, als wir bei verschlossener Tür beim Abendessen saßen. Ich hörte ein Bumsen die Treppe hinunter. Nach fünfmaligem Bumsen sagte ich: »Da ist einer gefallen.« Ich sprang zur Tür und sah Herrn M. Parterre liegen und bemerkte dann, daß ein Bein noch bei der 3. Stufe im Geländer hing und holte es runter.

Ich bitte um einen Vertreterbesuch, da ich seit dem 18. 6. verheiratet bin und einige Fragen in dieser Hinsicht an Sie habe ...

Liebe Versicherung! Meine Eltern sind heute zum Kegeln. Sie wissen nicht, daß ich diesen Brief schreibe. Ich möchte Sie fragen: Können Sie mir versichern, daß ich immer regelmäßig meine Schularbeiten mache? Meine Mutter will mir das nicht glauben. Und können Sie mir versichern, daß ich im Sommer versetzt werde. Was kostet das?

Leider ist mein Vater der Jagdleidenschaft Dritter zum Opfer gefallen. Man hielt ihn für eine Wildsau und schoß ihn an ...

Am Unfallort konnte die Polizei den Tod selbst feststellen, so daß der unnötige Notarzt nicht gebraucht wurde.

Die Verletzungen von Herrn K. sind eingebildet. Es ist in der Nachbarschaft bekannt, daß er ein Hüpokonder ist!

Die Erhaltungsarbeiten in meinem Steinbruch werden fortgesetzt. Meine gut reparierten Beißerchen hauen weiterhin unerbittlich in die schönsten Möhren, Kartoffeln, Vollkornbrötchen und Pralinen. An Kosten sind mir (s. nachfolgende Aufstellung) 420 DM entstanden ...

Nach kurzem, schweren Leiden mußte unser versicherter Hund eingeschläfert werden. Da eine Ersatzbeschaffung vorläufig nicht vorgesehen ist, bitten wir, den Haftpflicht-Vertrag aufzuheben und nach der Dauer abzurechnen. Die Trauerfeier zur Einäscherung hat in aller Stille stattgefunden. Von Beileidsbesuchen bitten wir Abstand zu nehmen. Die überzahlten Beiträge können Sie auf das bekannte Konto überweisen ...

Leider kann ich meine Versicherung nicht mehr mit dem nötigen Vertrauen aufrechterhalten. Im Falle meines Todes hätte ich Zweifel, durch Sie versorgt zu werden ...

Mir ist bei der Altweiberfastnacht ein kleines Malheur passiert. Ich habe einem Herrn eine ziemlich teure Krawatte abgeschnitten. Kann ich dafür meine Haftpflichtversicherung in Anspruch nehmen?

Durch den Bewuchs ließ ich mich täuschen und dachte, ich hätte genügend Einsicht nach rechts. Wir stießen mit den vorderen und anschließend mit den hinteren Stellen zusammen.

Ich kündige den Versicherungsvertrag Nr. . . . wegen Austretens meiner Frau.

Bisher habe ich nie eine Verzögerung meiner Beiträge gehabt, war immer pünktlicher Zahler und habe Sie nur einmal wegen Diebstahls behelligt.

Ich durchbrach mit meinem LKW die Schallmauer an der Autobahn.

Gemäß meiner tiefsten Glaubensüberzeugung, daß ich unsterblich bin, kündige ich hiermit meine Lebensversicherung . . .

Ich bin mit Ihrem Erhöhungsvorschlag nicht einverstanden. Bitte heben Sie den Vertrag auf. Habe mein Leben in Gottes Hand, was die beste Versicherung ist!

Beim Besuch sprang mein Hund vor Freude an der Dame hoch und zerfetzte dabei Bademantel und Schlafanzug.

Mein Schäferhund Ajax tut niemandem etwas. Ich bestreite, daß er Herrn Z. gebissen hat, obwohl ich ihn versichert habe.

Der Grund, warum ich die Prämie nicht bezahlen konnte, war folgender: Ich bin schon 12 Jahre verheiratet, bisher kinderlos. Mit viel Mühe und

Vorsicht war es doch noch möglich. Am 12. 4. hat meine Frau einen Sohn geboren ...

Die Kranke ist immer noch 100% arbeitsunfähig. Ein Ende derselben ist nicht abzusehen ...

Frau L. wollte am Bahnhof in die auf der linken Fahrtrichtung gelegene Gaststätte einbiegen und übersah dabei den Gegenverkehr ...

Bisher habe ich noch keinen Arzt benötigt, da ich erst kurz verheiratet bin.

... und kann Ihnen bestätigen, daß mir die Erholungskur sehr gut geholfen hat. Morgens, wenn ich mich vom Bett erhob, hatte man einen wundervollen Anblick.

Die Frau biß den hinzukommenden Polizisten in verschiedene Körperteile, so daß dieser dienstunfähig geschrieben werden mußte.

Die Hausratversicherung wird etwas später bezahlt, wenn ich die Rechnung wiedergefunden habe (ca. 10 bis 14 Tage).

... der Schaden entstand, als Herr B. im Gestüt seiner Frau von den Pferden bedrängt wurde und sich nur durch einen Schlenker in den Wald »retten« konnte. Hierbei biß der mit im Wagen sitzende Hund vor Aufregung in die Polster ...

Frau P. erlitt eine Gehirnerschütterung, sie kam in laut gestikulierender Weise und bewußtlos ins Krankenhaus.

Bitte berücksichtigen Sie, daß nach dem italienischen Gesetz alle Leute, die älter sind als 14 Jahre, zeugen dürfen, seien sie auch Insassen oder Verwandte, Frau inbegriffen ...

Ich wurde aus einer engen Kurve getragen, fuhr die Böschung hinunter, überschlug mich dreimal, knallte gegen einen Baum – und dann verlor ich die Herrschaft über meinen Wagen.

Frau B. ist übersäuert und relativ eng und starr in der Kurve. Sie muß dringend therapiert werden ...

Der Grieche setzte nach dem Anstoß seine Fahrt zwar mit eigener Kraft fort, aber er ließ knallend eine Wolke üblen Geruchs entweichen.

Ich bitte um Zusammenlegung mit dem Vertrag zwecks Verehelichung.

Ich stieß mit einer haltenden Straßenbahn zusammen, die mir entgegenfuhr.

Der Brand des Hauses in der Lysanderstraße entstand dadurch, daß das fragliche Gebäude einen Wert von 140000 DM hatte, aber mit 280000 DM versichert war.

... ich bin pessimistisch. Die Russen werden bald hier sein. Ich habe das schon einmal mitgemacht. Deshalb brauche ich keine weitere Krankenversicherung.

... als Ihr Versicherter dann da war, schenkte ich ihm als Gastgeber, wie sich das doch gehört, einen Cognac ein. Danach lud er sich immer selbst ein mit den Worten: »Kipp nur noch einen, das bist Du mir wert!« Nach einer knappen Stunde trat die von mir erwartete Wirkung ein, indem er mehrfach die Zigarre zu Boden fallen ließ und abschließend hinterm Tisch zusammensackte, wobei ein sechsarmiger Kerzenständer umfiel. Damit aber noch nicht genug! Als er dann nach dem Telefon griff, fiel er abermals um, und zwar gegen ein Sideboard, auf dem ein Fernsehgerät, ein Tonband und ein Radio standen. Alles flog herunter. Im Fallen riß er noch die Gardine mit und lallte: »Die Versicherung zahlt alles ...«

Meine Frau braucht unbedingt eine Deckungskarte fürs Krankenhaus.

Meine Tochter hat sich den Fuß verknackst, weil dieses verdammte Weibervolk ja keine vernünftigen Schuhe tragen will!

Unsere Adresse ist nicht Fummelwiese, sondern Tummelwiesen 38. Auch wenn Ihnen der erstgenannte Name besser gefällt, so bitten wir um kurze Änderung sowie Bestätigung ...

Der Hund kam – sah – und biß!

Ich habe heute in der Domapotheke den Herrn Dr. F. erledigen lassen ...

Die Schafböcke von Frau R. rannten, als sie ihr Ebenbild im Spiegel sahen, dagegen. Dabei gingen die Scheiben ebenerdig zu Bruch.

... teile ich Ihnen mit, daß ich noch nicht sagen kann, wann ich meinen Alten loswerde. Ich nehme dann aber gleich einen Neuen ...

Ich hörte eine Hupe und bekam einen heftigen Stoß in den Rücken; augenscheinlich versuchte eine Dame, mich zu überholen.

Mein obengenannter Schaden soll mit meiner geprellten Frau zusammengerechnet werden ...

Bitte lassen Sie es mich wissen, wenn Sie dieses Schreiben nicht erhalten haben ...

Wohl war ich etwas betrunken, als ich die Treppe hinunterstürzte. Es war wie erwähnt Sonntag, und ich war moralisch etwas defekt, da ich mich nach meinen Angehörigen sehnte.

. . . muß ich erst meinen Mann umbringen, bevor man das Geld bekommt?

Am 8. Januar stürzte ich in meiner Wohnung um ca. 12 Uhr mit dem linken Auge in ein Elchgeweih.

Als meine Tochter 18 wurde, hat die Versicherung die Hälfte weggenommen.

Bitte geben Sie mir Bescheid, wie denn die Sachlage mit meiner Lebensversicherung ist. Ich habe nämlich keine große Lust, als Zittergreis 50 Mille womöglich an die Urenkel zu verteilen.

Sofort nach dem Tod meines Mannes bin ich Witwe geworden ...

Ich wollte die Pferde mit einem Schutzmittel spritzen, um sie vor den Stichen des Geflügels zu schützen ...

Der Tennisball kam elegant und sauber an – abgeschlagen von meiner Tochter. Ich habe nur leider den Kopf statt des Schlägers hingehalten.

In Ihrem Verwaltungsbüro sagte der Agent zu mir: »Haben Sie Ihre Police bei sich?« Ich sagte: »Ja.« Der Agent nahm die Police an sich und zerriß sie vor meinen Augen. Dann sagte er, ich sei kein Mitglied mehr bei der Versicherung ...

Der zu behandelnde Arzt ist Dr. med. A. M.

... vielleicht können Sie mir helfen, daß ich meine Verlobte bekomme, wenn nicht, werde ich meine ganzen Versicherungen an den Nagel hängen.

Den Eingang Ihres Schreibens konnte ich trotz Nachforschung nicht feststellen. Deshalb kann ich auch erst heute dazu Stellung nehmen.

Für ärztliche Bemühungen erlaube ich mir 80 DM zu liquidieren. Diagnose: Kinderwunsch.

Wir zogen in eine 1-Zimmer-Wohnung mit 3 Menschen, 2 Katzen und einem Hund von 49 qm.

Bei der Abrechnung meiner Krankenversicherung traf mich für 20 Minuten beinahe der Schlag!

Ich wartete draußen vor der Wirtschaft und hatte in der Hand eine Schaufel. Da kam Franz O. heraus, der also bei Ihnen versichert ist. Er war betrunken und torkelte genau in meine Schaufel. Es war kein Schlag von mir. Die Kopfwunde hat er sich selbst zuzuschreiben.

... die Bildungsvermögende Versicherung zwischen Eurem Agenten und meiner minderjährigen Tochter wurde ohne mein Wissen abgeschlossen.

Der rückwärts fahrende LKW traf den Unfalltoten mit tödlichen Verletzungen.

Die Wespe mußte auf dem Revers gesessen sein und war beleidigt und hat mich unterm Kinn gestochen.

Ich fuhr mit meinem Fahrrad auf einen parkenden Mercedes auf und zertrümmerte den Kofferraum total.

... nachdem jedoch der Staat mir diese Absicht zum zweiten Mal zunichte gemacht hat, habe ich 1. in solch langfristiger Planung ein Haar gefunden, 2. den festen Vorsatz gefaßt, meine Frau in anderer Form zu sichern bzw. noch lange nicht zu sterben.

Es handelt sich um einen ungewollten Deckaktschaden. Wenn eine heiße Hündin und ein Rüde sich paart, so ist es biologisch möglich, Nachwuchs zu erzeugen. Man kann doch wohl schlecht von mir erwarten, daß ich meinem Hund den ganzen Tag hinterherlaufe ...

Mit Blaulicht schoß der Polizeiwagen langsam an den Unfallort heran.

. . . brannte lichterloh. Mit starkem Strahl gaben die Feuerwehrleute ihr Wasser ab und löschten sofort . . .

Als Folge der Kollision geriet die nachfolgende Fahrerin ins Schleudern, überschlug sich und kam erst nach 140 Minuten auf dem Dach liegend zum Stehen.

... bislang war ich ledig, meine Verlobte auch, nur mit dem Unterschied, sie hat, besser gesagt, wir haben zwei Kinder. Theoretisch sind wir schon lange eine Familie, doch praktisch nicht.

Der beigelegte Versicherungsschein wurde von meinem Hund teilweise aufgefressen. Es wird um Übersendung eines neuen Dokuments gebeten.

Sollten Sie mein heutiges (Ein-)Schreiben wiederum ignorieren und mir weiter diesbezüglich »Zahlungserinnerungen« zusenden, so werde ich diese an den Verstorbenen ins Jenseits weiter befördern! Ihr Geld bekommen Sie dann vermutlich am »jüngsten Tag«!

Vor mir fuhr ein riesiger Möbelwagen mit Anhänger. Der Sog war so stark, daß ich über die Kreuzung gezogen wurde.

... Ihrer Antwort entgegensehend, verbleibe ich mit besten Verfehlungen ...

Ich finde den Prozentsatz meiner Beschädigung zu niedrig. Ich stelle hiermit den Antrag, meine Behinderung zu erhöhen.

Der Patient brachte den abgeschnittenen Daumen in Zeitungspapier eingewickelt in die Sprechstunde und forderte mich auf, ihm den amputierten Finger wieder anzunähen . . .

Nach Ansicht des Sachverständigen dürfte der Verlust zwischen 250000 DM und einer Viertelmillion liegen.

. . . aber jetz, da Sie auch mal dran sind, da zien Sie den Schwanz ein . . .

Ich konnte den Aufprall nicht verhindern, der Baum kam auf mich zu . . .

Bei der Bescherung eines Schafes schnitt ich mich.

Ich lag zwei Monate mit dem gleichen Doktor zu Bett – ohne jeden Erfolg!

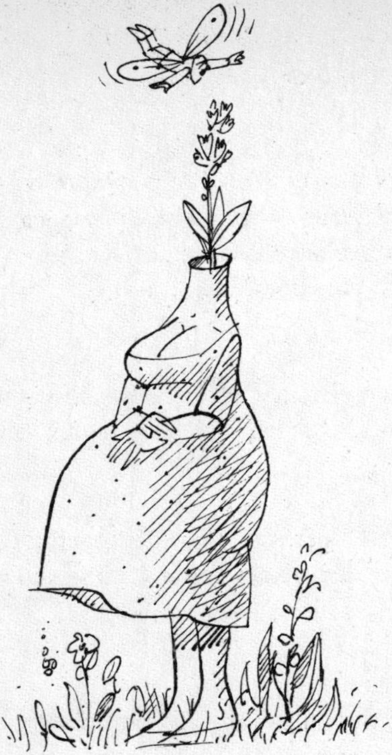

Aus einer oberflächlichen Beziehung stammt die vorliegende Schwangerschaft.

Meine Mittel und ich sind beschränkt.

... im Besitze Ihres Allerwertesten vom ...

Um 19.30 Uhr lief in der Friedhofsstraße/Ecke Gräberallee ein Hund in meinen Kraftwagen, der getötet wurde.

Da mein Vater im 88. Lebensjahr steht und drei Jahre bettlägerig ist, und das Vermögen an mich übergegangen ist, kündige ich mit sofortiger Wirkung seine Hausratversicherung.

Auf dem vereisten Weg ist es mir ausgeglitten. Ich stürzte und brach mir das Bein im Knöchel.

... bei dieser Versicherung wirkt sich besonders ungünstig aus, daß mein Mann schon nach verhältnismäßig kurzer Zeit gesündigt hat.

Ihr wertes Schreiben vom 4. 10. habe ich erhalten und danke Ihnen nicht für diese Mitteilung ...

Ich habe mich im Schlachthof beim Rasieren eines Schweines in den Finger geschnitten ...

Sie sollten wegen der Entschädigung nicht Ihren Herrn K. zu Rate ziehen, der Frauen, die etwas geleistet haben ohne Mann, nicht akzeptieren kann ...

Ich bin krank wegen Wasser im Knie ...

... er hatte sich mit seiner Ehefrau erzürnt und wollte sich das Leben nehmen. Dann ist er aufs Dach geklettert und wollte sich das Genick brechen. Aber es war nur sein Bein.

Die Polizei kann keine Beweise vorlegen, daß Clodwig S. durch fremde Hilfe ertrunken ist ...

Dann nahm ich mein Herz in beide Beine und verfolgte den Einbrecher ...

... da ich es schon versucht habe, meine Rückständigkeit bei Ihnen zu tilgen ...

... bitte sind Sie so freundlich, im Falle meiner Ermordung durch »polizeiliche Beeinflussung« sofort staatsanwaltschaftlich medizinisch einzuschreiten.

Mein Mann ist gestorben. Bitte sagen Sie mir, wie er aus Ihrer Kasse austreten kann?

... der zuständige Herr ließ mich erst einmal eine Stunde warten, dann kam er und sagte mir, für Ihre Versicherung wäre ich schon tot. Daraufhin gab ich zur Antwort, er möge dann aber sofort die Versicherungssumme an meine Frau auszahlen. Um mich nicht noch besser zu ärgern, bin ich gegangen.

Der Unfall geschah beim Wedeln.

Ihr Versicherungsnehmer hat gebaut und möchte in Zukunft nicht mehr arbeiten, aber Kinder kriegen.

Ihr Versicherungsnehmer wurde als Leiche bei mir eingeliefert ...

Während des bekannten Tanzes »Holladihia-Hoppsassa« sprang ich übermütig nach oben, wobei mich mein Tanzpartner kräftig unterstützte. Dabei kam mir die Kellerdecke schneller als erwartet entgegen.

Ich lasse mir mein Leben nicht versichern, ich will mich nicht ärgern, wenn die Verwandtschaft von meiner Lebensversicherung profitiert ...

Beim Legen einer heißen Dauerwelle habe ich die Luftzufuhr fehlerhaft reguliert, worauf die Kundin ihre Haare verlor ...

... möchte ich Ihnen mitteilen, daß ich geheiratet habe. Eine Gefahrenerhöhung ist nicht eingetreten.

Ich möchte gerne Versicherungskaufmann werden. Man braucht nicht schwer arbeiten, macht sich nicht dreckig und sitzt in einem warmen Raum.

Bitte entschuldigen Sie, wie die Versicherungsscheine aussehen, aber unsere junge Katze fand sie sehr schmackhaft.

Wenn Ihr Mitarbeiter kommt und meine Frau ist nicht zu Hause, soll er sich mit der Nachbarin arrangieren.

... Ich kann mich leider erst jetzt mit Ihnen in Verbindung setzen, weil ich durch plötzliches ärztliches Verlangen gerufen wurde.

Der Bindebaum schlug dem Vater eines an den Kopf, so daß er unbewußtlos war. Er leidet an Schädelbruch.

Meine Freundin Conni war bei mir zu Besuch. Ich hatte sie zum Fondue-Essen eingeladen. Fleisch und Fondue waren bereitgestellt, der Spirituskocher war bereits in Betrieb. Das Fett war jedoch noch nicht heiß genug, um das Fleisch zu garen. Die so entstandene Wartezeit wurde mit allzu zwischenmenschlichen Beziehungen überbrückt. Wir waren also auf dem Sofa zugange. Das Kostüm meiner Freundin lag über einem Stuhl. Auf dem Tisch stand der brennende Spirituskocher. Im Eifer des Gefechts verirrten sich meine Füße in der Tischdekke. Das hatte zur Folge, daß der Spirituskocher mitsamt dem lauwarmen Fett umkippte, Tischdecke und Kostüm in Brand setzte. Bitte sind Sie so freundlich und ersetzen Sie meiner Freundin den Schaden.

Unsere Sanatoriums-Preise betragen bei Unterbringung in einem Einzelzimmer mit Du + WC, Vollpension, schwesterlicher Betreuung bei Tag und Nacht . . .

Meine Haustür ist total zerschlagen, die Wohnungstür muß neu gemacht werden, meinem Jungen wurde das Fahrrad gestohlen, mein eigenes völlig demoliert. Meine gesamte Wohnungseinrichtung sieht total verrupft aus und die Kosten wachsen mir über den Kopf. Mein Opel Ascona ist auch total zerquetscht. Irgendwie muß ich besser geschützt sein. Die Polizei habe ich jedesmal herbeigerufen, aber die tun für mich schon nichts mehr . . .

... Herr G. hat ein Haus gekauft, und er ist daher etwas beengt.

... mein Hausarzt meinte damals, als ihm der Gesundheitsfragebogen vorgelegt wurde, ich hätte um Rente eingegeben und hat es natürlich gut gemeint, als er mich schlecht machte.

Kürzlich habe ich mein goldenes Armband im Schrank zwischen Wäschestücken wiedergefunden. Da ich es nicht für richtig halte, sowohl Ihre Versicherungsentschädigung wie das Armband zu besitzen, habe ich die 18000 DM an das Rote Kreuz überwiesen. Ich hoffe, das wird Sie sicher auch freuen ...

... meine Frau ist gesund und unverbraucht, das heißt ohne Risikozuschläge versicherbar.

Fast hätte sich die Leiche aus dem brennenden Auto befreien können ...

Durch Unfall, Krankheit und aufopfernde Pflege der Schwiegermutter waren beide zu Frührentnerinnen geworden ...

Ich habe meinen Kindern zeigen wollen, wie man eine Rolle vorwärts macht. Beim Aufsetzen kam ich auf die rechte Schulter und es gab einen Knacks. Meine Kinder haben sich totgelacht ...

»Ich kündige sovort, mit Ihnen bin ich vertig ...«

Mit Ihrer Schadenschätzung bin ich theoretisch einverstanden, aber Sie hätten mir trotzdem ein halbes Prozent mehr geben können, dann hätte ich wenigstens eine moralische Genugtuung gehabt ...

Ich wollte Fleisch holen bei der Notschlachtung eines Nachbarn.

Trotz wiederholtem Schreiben, das aus mir hervorging . . .

Vor knapp einem Jahr ist mein Mann gestorben. Es ist mir aber jetzt unmöglich, die Prämien für seine Lebensversicherung weiter zu bezahlen. Ich bin Witwe und habe zwei Kinder.

. . . bitte ich, einen Wunsch von Frau Schneider zu erfüllen und die beiden Töchter ebenfalls zu befriedigen.

Die Magd glitt im Stall beim Kalben aus.

. . . dann war ich gezwungen, Alteisen zu sammeln, um meine Familie damit zu ernähren.

. . . er führt eine gute, glückliche Ehe und eine gediegene, saubere Wohnung . . .

Die Hälfte der Lebensversicherung würde ich wieder zurückgeben, wenn man meinen verstorbenen Mann wieder zum Leben erwecken könnte . . .

Leider habe ich damals keine Zahnversicherung abgeschlossen. Ich wußte von nichts, habe aber laufend mit den Zähnen zu tun – jetzt sind kaum noch welche da, nun lohnt es sich nicht mehr. Da haben Sie wiederum Glück!

... ich möchte Sie bitten, meinen Sohn zu stornieren. Für sein Alter ist er zu dumm.

Bei dem Autounfall wurde mein Schwiegersohn nicht verletzt, denn er war gar nicht mitgefahren ...

... da ich nie mehr den Fehler einer Heirat zu machen gedenke, entfallen bei mir jegliche Überlegungen, an Erben zu denken.

Ihren Lustpostbrief habe ich dankend erhalten.

In Ihrem Schreiben vom 26. 6. über die neue Beitragsrechnung haben Sie mich freundlicherweise zum Fräulein befördert, was im Zusammenhang mit meinem Vornahmen »Heinz« jedoch zu peinlichen Vermutungen Anlaß geben könnte ...

Sie empfehlen mir als Betreuer meiner Versicherung Herrn Erich S., der meines Wissens schon vor ein paar Jahren verstorben ist.

Meine Antwort vom 17. 7. hat sich offenbar mit Ihrer Erinnerung gekreuzt.

Als ich im Auto meine Freundin küßte, prallte ich auf das parkende Kfz auf, weil mein Reaktionsvermögen nicht mehr funktionierte.

... liege seit dem 2. 8. im Zentralkrankenhaus bis auf weiteres. Diagnose: »Klinisch Exitus bei akutem Asthma.«

Ich Kamel bin so ehrlich und schreibe Ihnen, daß ich niedrigen Blutdruck habe ...

Können Sie mir im Moment aus meiner Verlegenheit raushelfen, da ich in jeder Weise rückständig bin?

Der Gutsbesitzer konnte nicht löschen, da er kein Wasser hatte und nicht zu Haus war.

Ich habe eine kinderreiche Familie. Mein Mann hat das Weite gesucht; daher bin ich ganz entblößt ...

... bin ich seit meiner Geburt ledig!

Anbei eine Kopie von der Bescheinigung über meinen voraussichtlichen Geburtstermin am 29. 12.

Die Löschmaschine wurde, weil kein Wasser aus der Leitung kam, anfangs aus der Jauche gespeist, später erhielt sie Wasser durch tragende Mädchen und Einschütten derselben in die Spritze und durch Saugen der Pflichtfeuerwehr am Rohrmundstück ...

Der Hund ist auf den Namen von Herrn Dr. Z. abgemeldet.

Der von Frau Sch. in ihrem Hühnerstall gefundene Hühnerkopf paßte genau mit der fraglichen Henne überein.

Der Brand hat gelehrt, daß das Spritzenhaus nie zu weit von der Brandstelle entfernt sein soll.

Aus gesundheitlichen Gründen mußte ich nach Norddeutschland ziehen. Anbei die Umzugsrechnung mit der Bitte um Kostenübernahme.

Ich war im Begriff, ein Rind zu befruchten, als ich ausrutschte ...

. . . um es kurz zu machen, wenn ich das Geld nicht in den nächsten acht Tagen bekomme, verzichte ich darauf!

Satirische Erzählungen im dtv

dtv 10418

dtv 10545

dtv 10440

dtv 10047

Heinrich Böll:
Nicht nur zur Weihnachtszeit
dtv 350

Wolfgang Ebert:
Der Blattmacher
dtv 10510
Ich war nicht in Portofino
dtv 10560
Das kleine Tollhaus
dtv 10670

Ephraim Kishon:
Nicht so laut vor Jericho
dtv 989
Der Blaumilchkanal
dtv 993
Salomos Urteil – zweite Instanz
dtv 1038
Kein Applaus für Podmanitzki
dtv 1121
Bekenntnisse eines perfekten Ehemanns
dtv 10496

Sławomir Mrożek:
Das Leben ist schwer
dtv 10480

Hans Scheibner:
Lemminge, Lemminge
dtv 10314
Der Weihnachtsmann in Nöten
dtv 2583

Hugo Wiener:
Ich erinnere mich nicht
dtv 1340